CONTRATEMPO

Pedro Mexia

# CONTRATEMPO

POEMAS ESCOLHIDOS

*Rio de Janeiro*
TINTA-DA-CHINA
MMXVI

EDIÇÃO APOIADA POR
DIREÇÃO-GERAL DO LIVRO E DAS BIBLIOTECAS /
MINISTÉRIO DA CULTURA – PORTUGAL
INSTITUTO CAMÕES DA COOPERAÇÃO E DA LÍNGUA

© Pedro Mexia, 2016

1.ª edição: junho de 2016

Edição: Tinta-da-china Brasil
Capa e projeto gráfico: Tinta-da-china Brasil (P. Serpa)

---

M611c     Mexia, Pedro, 1972-
            Contratempo / Pedro Mexia – 1.ed. –
            Rio de Janeiro: Tinta-da-china Brasil, 2016.
            136 pp.; 18,5 cm

            isbn 978-85-65500-23-4

            1. Literatura portuguesa – Poesia.
            2. Poesia portuguesa. I. Título.

                   CDD P869
                   CDU 82-1

---

Todos os direitos
desta edição reservados à
Tinta-da-china Brasil

Rua Ataulfo de Paiva, 245, 4.º andar
Leblon, 22440-033 RJ
Tel. (00351) 21 726 90 28
info@tintadachina.pt
www.tintadachina.pt/brasil

# CONTRATEMPO
POEMAS ESCOLHIDOS

# AS GAVETAS

Não deves abrir as gavetas
fechadas: por alguma razão as trancaram,
e teres descoberto agora
a chave é um acaso que podes ignorar.
Dentro das gavetas sabes o que encontras:
mentiras. Muitas mentiras de papel,
fotografias, objectos.
Dentro das gavetas está a imperfeição
do mundo, a inalterável imperfeição,
a mágoa com que repetidamente te desiludes.
As gavetas foram sendo preenchidas
por gente tão fraca como tu
e foram fechadas por alguém mais sábio que tu.
Há um mês ou um século, não importa.

# HÁ NOMES QUE FICAM

Há nomes que ficam, sem préstimo, nas agendas,
transitam de ano para ano por inerência
ou desleixo, por vezes o nome próprio
é uma referência obscura, e nunca houve apelido.
Os números, em poucos anos,
passam de mnemónicas a criptogramas,
indicam sem dúvida que nos cruzámos
com gente que se cruza connosco,
que trocámos telefones como se
trocássemos alguma coisa,
mas tudo muda, os conhecidos
tornam-se amigos e depois desconhecidos.
Estes nomes, posso riscá-los
como se fosse velho e eles mortos,
mas os números, como uma praga,
acumulam-se, escritos
com tintas diferentes
e por vezes nas letras erradas.
Não posso desfazer-me das agendas
nem começar uma todos os anos,
mas já não sou o mesmo:
os números observaram as minhas idades
e talvez pudesse agora marcar este
que não me diz nada
e contar tudo
a alguém que não se lembra de mim.

# PÓ

Nas estantes os livros ficam
(até se dispersarem ou desfazerem)
enquanto tudo
passa. O pó acumula-se
e depois de limpo
torna a acumular-se
no cimo das lombadas.
Quando a cidade está suja
(obras, carros, poeiras)
o pó é mais negro e por vezes
espesso. Os livros ficam,
valem mais que tudo,
mas apesar do amor
(amor das coisas mudas
que sussurram)
e do cuidado doméstico
fica sempre, em baixo,
do lado oposto à lombada,
uma pequena marca negra
do pó nas páginas.
A marca faz parte dos livros.
Estão marcados. Nós também.

# NÚMERO 5

Dei um passo atrás
e vi pela primeira vez
o número da minha porta.
No passeio, olhando
o metal gasto do algarismo
que há vinte e seis anos
sei que existe,
pensei em recuar um pouco mais
para ver todas as coisas que habito
e não compreendo.
Mas três passos depois
do passeio
o trânsito automóvel
impedia a perspectiva
e a sabedoria.

# UMA ÁRVORE

Uma árvore é uma ideia.
Se olhares para uma árvore
ela desaparece.
A casa por entre os ramos
que na infância não construíste
surge como um fantasma menor.
Não saber o nome das árvores
deixou-te estranho e alheado,
mas elas também não sabem
o teu nome.
Uma árvore não te dará sombra
ou madeira:
é um vocábulo e um símbolo
mas não sabes o seu sentido.

## OS SIGNIFICADOS

Não sei como tudo começou: suponho
que havia uma figura que depois
se estilhaçou para formar um puzzle.
Mas se juntarem todas as peças
talvez não haja nenhuma figura, e então
de que origem intacta partiu tudo
o que depois se quebrou? É impossível
fazer estilhaços de estilhaços sem uma
coerência primeira, agora ausente.
Quando todas as peças se juntam
estaremos reduzidos ainda a uma peça
de uma figura maior, ou essa figura
é uma utopia pragmática, instrumental,
que permite algum sentido?
Ó significados, para vós, na infância,
tinha um caderno.

# ORIGEM

Por detrás do teatro de sombras
há um corpo, dentro dos fantoches
existem mãos, o falcão regressa
ao falcoeiro, os bonecreiros seguram
bonecos de madeira, as paredes brancas
alguém as caiou, as nuvens preexistem
ao desenho das nuvens, mas não podemos
retroceder tanto, basta-nos a história
em si mesma e não a sua origem.

## OS DEZ MIL

Os dez mil de Xenofonte,
em retirada, procuravam
o mar. Mas, na retirada,
existe mar? Talvez um batedor,
um porta-estandarte, grite que o vê,
azul e inequívoco, ao fundo.
Talvez depois de uma derrota
dez mil homens presos entre
canções tristes e poemas épicos
regressem a casa, e digam
que é o mar. Mas não é o mar.

# WALLACE STEVENS
## A CAMINHO DO ESCRITÓRIO

No caminho, Hartford endurece
ao mesmo tempo que se torna leve.
O outono deixa de ser outono.
Os galos não cantam.
Esse necessário mundo dos objectos
transmuda-se perante o olhar
do homem cansado, cansado mas feliz
com tudo o que em si faz
o pensamento imaginante.

Em Hartford é sempre outono,
como em certas prisões. Connecticut amanhece
e surge o poema. Mrs. Halliwell tomará nota
mal chegue ao escritório.

# MARCO

Na rua escondida
o marco do correio
há muitos anos recebe
as escassas cartas
que mudam a vida.
Há muito que está
fora de serviço
mas a companhia
não informou ninguém.

# SINAL

Na cidade, perto do fim do ano,
um tronco de árvore caído
a que arrancaram os ramos.
É um imenso totem decepado
que vai enchendo de espanto
os moradores. Desenterrada,
a árvore assombra, com um
resto de raízes grossas como
veias apodrecidas. Ninguém
sabe o que ver nesta árvore,
se uma jangada, se um caixão,
se um sinal indecifrável
de Deus. Inteira, a árvore
seria o álibi de uma cidade,
à espera dos meses que lhe
trariam sombra e folhas.
Assim, é um medo inominado
à espera de uma ordem
que desimpeça o passeio.

## IN MEMORIAM

Em memória de quem
os versos? Dos outros
seria cristão mas

mentira, de si mesmo
era esforço demais
para motivo assim

pouco, memória talvez
de abstracções biográficas
simples, partilháveis,

ou então em memória
apenas dos versos, em
memória da memória.

# CHEIAS

As correntes às vezes trazem
benefícios agrícolas e outros
para a terra onde nada
se perde e tudo se retoma,
mas os ritmos do mundo,
essa inumana harmonia
que as forças procuram, pode
tantas vezes aparecer apenas
como outra tragédia cíclica,
bruta mesmo se necessária,
improdutiva, agnóstica,
um alarme sem estética.
As cheias submergem casas,
vidas, submergem árvores,
portos, tornam os telhados
uma comunidade, são como
a memória, admirável
e bíblica vista de fora
mas que por dentro
traz bocados de troncos,
detritos, sujidade, água
que é cinzenta e nos dá,
cantando, pelo pescoço.

# DENTRO DOS LIVROS

Dentro dos livros
marcas de quando os lemos.
Bilhetes de cinema,
autocarro, apontamentos
com demasiadas
abreviaturas, folhas
que dizem "não esquecer"
e foram esquecidas.

Nesta tarde li este verso.
O romance na página 89.
Agrupar os eventos
por contiguidade, remissão,
a data muito precisa
destes acasos
mais importantes
que a biografia.

# KRAPP

Ouço a minha voz
como se estivesse ao telefone,
ouço a tua
murmurando-me ao ouvido
mesmo depois de já não nos
conhecermos,
ouço as canções
de que já não gosto,
as canções de que gosto ainda,
gravadas por amigos tão diferentes,
pirateadas numa madrugada
quando em época de exames
ouvia rádio,
canções interrompidas
por locutores, publicidade,
bocados de entrevistas,
registos sobrepostos,
ruídos sem interesse,
a tua voz dizendo que nunca
te vais embora,
a minha,
emocionante aos quinze anos,
emocionada aos vinte,
espólio de plástico
que me documenta e reclama.

## SALVO ERRO

Uma evocação pontuada por um
"salvo erro",
função correctiva da linguagem,
desculpabilizadora,

mas tudo o que lembramos
é "salvo erro"
porque recordar já é quase
um erro uma vez

que nada, nem em filme,
acontece de novo
e só sabendo isso os erros
nos podem salvar.

# SAVE

Nada fica, a própria memória
é uma mitologia, tenho-me
como testemunha mas nada
garante que um dia não negue
tudo, então haverá este processo
verbal, museu portátil que com
um gesto, dizem, está salvo.

## A MINHA ALTURA

Era a minha altura. Um livro
em cima da cabeça marcava
o lugar que um lápis semestralmente
riscava na parede da cozinha.
A única sabedoria dos ossos, crescerem
como a teia sólida de um propósito
e a anatomia mais transparente.
Centímetro a centímetro
espigava o corpo imaginário, essa contabilidade
que era assim íntima, pictórica,
como uma cena burguesa.

Traço a traço a parede da cozinha
tornou-se rupestre,
a infância uma ternura assustadora.
Esta era a minha altura.
Agora sou tão mais alto e mais pequeno.

## ANIVERSÁRIO

Soprava trezentas e sessenta
e cinco vezes
a minha idade, as duas velas
estremeciam,
recolhiam-se, mas eram uma
surpresa e voltavam
sempre a acender-se.
Não sejam cruéis comigo.

## ASA PEP

Está escrito num papel: asa pep.
Cifra obscura, não é a primeira vez
que surge do nada, numa gaveta,

dentro de um livro. É o meu Rosebud.
Assim pensarão as gerações que virem
escrito nestes papéis que vão queimar

esse nome fantástico, refrão encantatório.
Fique dito, meus herdeiros colaterais,
asa pep não tem sentidos misteriosos,

é apenas a mais simples mnemónica
sobre o que sucede às palavras,
fórmula liceal útil talvez num exame.

Ouçam bem o meu maior segredo:
aférese, síncope e apócope;
prótese, epêntese e paragoge.

## BAD SONGS

As canções que não valem nada
e de que me lembro
comovem-me
como se encontrasse
uma pessoa de família.
Banda sonora dos amores castos
e meticulosos,
ó canções da experiência
humana, de que banalidade
era feita a minha glória.
No autocarro do colégio
havia alguma verdade
nos versos evidentes
e nas melodias,
o amor podia ser
intransitivo e inconfessável
mas também o gozo
infeliz e bom
de uma sóbria intimidade.

## HOMENS SEM MULHERES

Durante meses ou anos (ou,
em todo o caso, um múltiplo
de semanas) trazia debaixo
do braço, com os livros da lei,
*Men without Women,*
de Ernest Hemingway.
Hábito exterior de mostrar
leituras ou de passear,
como legendas, frases sintéticas
e duras, não o tolerava
nos outros, mas só em mim,
na minha edição velha
e laranja da Penguin.
Eu não queria que o livro
terminasse, e o plural
do título era um disfarce.

## AUTOMÓVEIS

O carocha do solteirão amigo da família
que nos levava em passeios devagar ao sábado,
o morris do avô, já sem préstimo
e atulhado de primos, o golf em que dominava
o vento com o braço ao som dos nossos gostos
unânimes, o rover em que me traíste.

# OS GALOS

Lembro-me dos galos:
nas férias ouvia-os
antes de adormecer
quando a noite desistia.
Lembro-me dos galos:
eram o avesso da cidade.
Existência arcaica, ritual,
animais que como os outros
me eram mágicos.
Lembro-me dos galos:
no quintal agarravam-nos
a custo, no alvoroço da capoeira,
cortavam-lhes o pescoço
e eles ziguezagueavam
sem cabeça, sabendo que
voltariam a cantar
três vezes no meu nome.

## OS PRIMOS

Primos migratórios,
sazonais, seguindo, em flecha,
como os pássaros, dispersos
ao primeiro tiro, como
os pássaros. Índios, doninhas,
canibais. Bando de irmãos.

# ESPINGARDAS

Havia espingardas: a do avô, caçador,
uma de brinquedo, hoje sem coronha,
a pressão de ar, apontada ao céu.
Espingardas. Todas elas mataram.

## SE BEM ME LEMBRO

"Se bem me lembro", dizem,
nemesianamente, mas sem igual facúndia
ou fascinação, para cair apenas
em histórias miúdas, importantes
sem dúvida mas não para quem
as ouve (nós). Memórias em mosaico,
lacunares, de avós com doenças
ou tardes absolutamente de verão
há décadas atrás, com gente que já morreu,
ou a biografia de uma cómoda,
e considerações pouco amáveis sobre uma
foto que se desprendeu do álbum.
Ouvimos, rimos de ironias
estritamente pessoais e etárias,
entendemo-nos como receptores
destas reminiscências inevitáveis,
aborrecidas e centrais,
entendemos mais ou menos
que também havemos de maçar
as "gerações vindouras" com contos assim,
acrescentando pontos e observando,
sem perceber porquê, que os netos
e os sobrinhos parecem achar
banais ou mesmo senis os pormenores
de uma certa manhã, há cinquenta anos atrás,

e sobre a qual, como já fizeram connosco,
não contamos tudo.

# FUNERAIS

Nos funerais encontramos a família.
Nunca fomos tão claros
como no luto
e nas memórias anedóticas
que amenizam o morto.
Que sangue é o teu
para que o meu se assemelhe?
Alguns velhos trazem flores
que já ofereceram nos casamentos
e entre eles decidem
que somos uma família,
conhecem os primos que não
conheço, lamentam a sorte
daqueles cuja sorte é conhecida,
são ainda mais graves
do que nós, e usam
diminutivos carinhosos.
O meu nome far-se-á pó
com o meu corpo, pensa
uma mulher que já é viúva,
há irmãos completamente mudos
e as crianças jogam à cabra-cega.
Seguimos em cortejo
compondo as gravatas,
o vento não percebe que morreu gente.

Dez pessoas acompanham o padre,
os outros já não se lembram
das orações,
dez pessoas pensam
no que têm pela frente,
os outros acompanham o caixão.
O coveiro mais novo
dentro de pouco tempo
enterrará o mais velho.

## PARA O FOGO

[*burning, burning, burning*]

Era a walpurgisnacht dos velhos livros,
das folhas roídas, amarelas, que no quintal ardiam
como se as décadas se evolassem
e no crepitar das páginas
a decadência e a precariedade
estalassem à nossa vista enquanto
o fumo, impregnando a roupa,
se inclinava segundo o vento
e ardia mesmo nos olhos fechados.
Era essa a antiga sedução
pelo fogo, o fogo das noites frias
que na salamandra consumia
horas e lenha e que se tornava
o centro da atenção, flutuante,
azul, clamando, de chamas entrançadas,
magnéticas. Entre os livros
antigos e a chama precária havia
uma outra deflagração que sabia
que mesmo sem ler todos os livros
é preciso ler aqueles
que um dia serão queimados.

## UM RETRATO DOS MEUS TIOS
## PEDRO E JOÃO NA PAREDE DA SALA

Figueira da Foz, 1930, as famílias a banhos,
numa pacatez ingénua, burguesa,
com todo o tempo do mundo, as sombrinhas,
a bolacha americana, todos os rumores muito distantes.
O retrato tem o tom sépia dos retratos de então,
os irmãos olham para a câmara, sentados numa toalha,
não riem, estão à sombra do chapéu,
o fotógrafo certamente faz gestos, diz coisas,
mas isso está para lá da fotografia, e nunca se há-de saber.
Não terá ficado tudo perdido como o gesto do fotógrafo,
como a sua voz pedindo o sorriso, olhó passarinho,
no tempo da exposição a que tem de seguir-se,
mais cedo ou mais tarde, o da revelação?
Este é o tempo da revelação, como se os meus tios
tivessem estado todos estes anos numa câmara escura,
na sua tranquila alegria de 1930,
para serem vistos por mim agora, sentados ao sol da Figueira
onde me lembro de estar sentado também.
O retrato está pendurado na parede
porque é feito da mesma matéria que a parede,
e esboroa-se, de pó e cal, como a parede.
Há outras fotografias onde estão juntos, mas nesta
são crianças, e sendo crianças
é como se não fossem diferentes,
é como se tivéssemos todos veraneado juntos na Figueira,

onde a água é fria e o mar está muito ao fundo da praia,
e as famílias se podem sucessivamente
repetir, geração após geração, conhecendo-se
e passeando um pouco depois do jantar.
Tudo isto é perfeitamente conhecido e incompreensível,
o retrato sabe coisas que eu não sei
e perante mim extingue-se como eu me extingo
perante ele, e na sua luz.
Lembro-me muito mal do meu tio João
(que está atrás na fotografia), bonito, elegante,
tão diferente de mim, toda a gente gostava dele,
as mulheres também. Tenho uma fotografia com ele
e penso que se calhar estou com ele na fotografia como
se fôssemos da mesma idade e estivéssemos
na Figueira de 1930, e a ideia magoa tanto
que perde toda a possibilidade de ser jubilosa.
Já não conheci o tio Pedro (que está à frente no retrato),
e não pude estar em nenhuma fotografia com ele.
O retrato do meu tio João e do meu tio Pedro
que está na parede da sala representa a hipótese
de estarmos também no retrato, com eles
e sem eles, de estarmos no retrato que, apesar disso,
nos escapa infinitamente.
Talvez haja em mim uma necessidade desesperada
de ler coisas neste retrato, para que ele não emudeça
de vez, a verdade é que mal consigo deter
a tranquilidade de um Agosto na Figueira em 1930,
a alegria e o modo como a alegria se preserva e reconhece.
Os meus tios Pedro e João eram os únicos rapazes

e morreram de acidente no espaço de poucos anos,
a minha mãe comove-se quando fala nisso,
que desgraça se abateu sobre a família, e o gesto
e a voz do fotógrafo perdem-se nas décadas
que nos separam e só resta a memória dos meus tios
e o retrato que já não se acende.

# JULHO, 1993

Este é o diário do último ano.
O sangue está a chegar ao fim.
O tempo de que nos lembramos
foi uma estufa de mentira.
As casas sangram com musgo,
o tecto torna-se abaulado,
as paredes perdem resistência,
a pintura rebenta com o abandono,
a selva instala-se no jardim,
o pó cobre as cadeiras sem panos.
As aranhas rejubilam
com o fim da família.

# A CHAVE

No sótão ou na cave,
nas gavetas ou nos armários,
nas arcas ou nas despensas,
encontraremos a chave de tudo isto:
a caçadeira do avô,
ou o berço de quatro gerações,
ou uma medalha de um feito esquecido,
ou o vinho do Porto de um casamento
infeliz. A cadeia rompeu-se.
A chave que encontrarmos
será obscura e contraditória.
E nós tão claros e coerentes.

## VIAGEM NA FAMÍLIA

Talvez eu agora esteja a pensar em alguém
que pensou em mim antes de eu nascer.
Nesta cama, nesta casa, na família.
Estamos separados por uma fenda
como a que vejo na parede do quarto.
Entre nós outras tantas fissuras, imprecisões,
elaborados jogos de mentira.
A morte, que é nossa antepassada e nossa herdeira,
as noites em claro, a louça rachada
que certamente terá algum significado.
Entre nós nome e sangue num equívoco jogo
de distinção, decadência, afastamento.
Os anos tornam-nos ignorantes do conteúdo das gavetas,
indiferentes às fotografias, os mortos tão vagos
para nós como nós para os mortos.
Entre nós espelhos que a humidade turvou e onde os rostos
são acidentados, premonitórios. A mesma casa,
o pó que está em todo o lado e faz desaparecer tudo,
um móvel, um compêndio, um Sagrado Coração de Jesus.
Tudo isto custa, uma tatuagem que assombra,
como nos assombram as flores secas.
Atravessarei este tempo, pensando em quem pensou em mim,
entre nós documentos amarelos, o lugar da espada,
um retrato de El-Rei.
Entre nós a mesma respiração pesada do silêncio.

# MEMÓRIA DESCRITIVA

A sombra dos tectos altos
não deixa respirar. A pintura
esboroada como os ossos.
A moldura verde das portas
na solidão de ferro abandonada.
As cortinas de fumo sujo.
Serradura nas frestas da madeira.
Gonzos, chaves, uma gaveta
com bocados de uma cama.
Luzes ímpares em jornais antigos.
Ganchos, fios, fendas.
Uma almofada, restos
dum romance francês, o metal
de um candeeiro. Recantos,
esquinas, manchas irregulares,
pratos, móveis trôpegos, uma parede
onde estala a cal. Tábuas pequenas,
traves, bolor num espelho, vidrinhos,
relógios, autocolantes, fechaduras,
uma arca da qual ninguém
se aproxima, pedaços de tecido
alegre e tantas cadeiras.

# JONAS

O grande peixe
traz no ventre o que as correntes
arrastaram
ao longo dos anos,
roupas, cadeiras, detritos
incompatíveis,
e coisas como novas
assustadas
entre ganchos do cabelo
e o metal oxidado
de tantas fechaduras.
O grande peixe morre
com o peso do catálogo
e depois Jonas
não será salvo,
destroço que sempre foi.

# LIXO

O lixo é uma ética.
Faz-se das coisas que dominamos
e não precisam de nós
nem mudam a sua natureza por causa
do abandono, das infiltrações,
o pó e a ferrugem não as ferem,
armazéns onde insectos e roedores
nem suspeitam que entre
bugigangas e comida há
nas almofadas vestígios
de epiderme e cabelos.

# FANTASMAS

Todas as casas têm fantasmas.
As casas velhas têm fantasmas velhos
e os fantasmas dos mortos são os vivos.

# FUTURO RADIOSO

Os comoventes momentos
em que fazem como
no *Cerejal*, que não leram,
de Tchékhov, e vendem
em cada, digamos, macieira
ou mesa-de-cabeceira
as memórias
que nos vão alimentar mal chegue
o futuro radioso.

## AO CONTRÁRIO DE ULISSES

Infeliz quem, ao contrário
de Ulisses, volte a casa
e nem sequer um cão, nem
um cão morto sequer, ladre.

# PARÁFRASE

Este poema começa por te comparar
com as constelações,
com os seus nomes mágicos
e desenhos precisos,
e depois
um jogo de palavras indica
que sem ti a astronomia
é uma ciência infeliz.
Em seguida, duas metáforas
introduzem o tema da luz
e dos contrastes
petrarquistas que existem
na mulher amada,
no refúgio triste da imaginação.

A segunda estrofe sugere
que a diversidade de seres vivos
prova a existência
de Deus
e a tua, ao mesmo tempo
que toma um por um
os atributos
que participam da tua natureza
e do espaço criador
do teu silêncio.

Uma hipérbole, finalmente,
diz que me fazes muita falta.

# EU AMO

Eu amo o teu gravador de chamadas.
Ele não me abandona
e repete vezes sem conta
a tua voz.

# ON NE BADINE PAS

On ne badine pas avec
l'amour: mas o amor
faz sempre connosco

o que lhe é possível,
quase tudo, enganos,
promessas, gato-sapato,

o amor brinca ao seu
próprio jogo que somos
nós, comédie de fauteuil

ou comédie du lit,
a maneira como se diverte
é a aparecer

e depois a ser esquivo,
intermitente,
mas deixando o rasto

do seu próprio nome
como de muitos bens
o que mais se procura

mas ainda que se porte
assim com o que
somos, tu e eu não

brincamos esse mas o
jogo mais perigoso
que é não brincar.

# EM LONGO SE TRANSFORMA

Em longo se transforma o breve engano,
e o discurso em vento,
e o desejo em medo.
E a esperança
em memória, e o pensamento
em bússola cega
para o mundo.
E em vidro o espelho apaga,
gasto de mágoas e mudanças,
o claro rosto do futuro.

# A TUA BIOLOGIA

A tua biologia mantém-me acordado
e ignorante. Sinto medo
e reverência pelos teus mistérios
sublimes e vulgares
como o sexo e o sono,

e depois lembro-me que pertences
a outro e à sua biologia
e que eu não irei nunca
dormir junto do amor
químico do teu ventre.

# PAOLO E FRANCESCA

Atravesso o domingo que falta para te voltar a ver
como se o hálito e o fôlego frescos e abertos
fossem as estações que ponho nos telhados.
Neste momento somos o mesmo corpo,
apesar de ser noite quando em minha casa é dia,
temos uma noção geométrica de todas as coisas
e no entanto entendemos uma verdade de cada vez,
temos um medo triste ansioso solene,
uma oscilação que respira e nem sabemos como,
um gesto que dispersa a sombra nas veias,
o nosso corpo ignorante sujeito a tudo.
Talvez giremos no ar como Paolo e Francesca,
mas eu passei muitos domingos sem o teu corpo
e não há vento que desfaça o que o vento nos fez.

# ETERNITY (FOR MEN)

Ela deu-me eternidade
em papel de aniversário
embora não fossem os meus anos.
Fez-me mal, agora
que o cheiro dela e o meu
já se tinham misturado.
Prenda de namorados, o símbolo
era ilusório,
e o amor acabou antes ainda
do frasco.

## E DEPOIS ISTO

Um delirium tremens, o sublime estático
e visível, o espaço cada vez maior
entre as paredes, a escrita do mundo,
o sólido ar crescendo, o diferente azul
da noite, um pulso iluminado, uma quarta-feira
iridescente, a porta por onde se torna
a passar, uma venda onde os olhos
transbordam, um veleiro imprevisto,
a contagem decrescente do fôlego, a proximidade
em saltos sucessivos, um fino crepúsculo,
a neve que no corpo principia,

e depois isto, o contrário de tudo.

# A BALADA DO CAFÉ TRISTE

Comprei-lhe *A Balada do Café Triste*
depois de quase ter passado por ladrão

de livros, mexendo-lhes sem olhar
para eles enquanto rondava de todos

os lados aqueles olhos que se viam
de qualquer ponto da feira, mesmo

se houvesse obstáculos o verde
atravessava-os, o verde tornava tudo

verde entre mim e ela, e no meio
dessa cor unânime a rapariga

era ainda mais. Pouco importa,
leitor, se houve depois alguma história,

entre homem e mulher não se passa
muito mais: uns olhos que de repente

são necessários e pelos quais passamos
por ladrões de livros ou pior.

Nunca li *A Balada do Café Triste*.

# LET IT COME DOWN

> Banquo: *It will be rain tonight.*
> 1st murderer: *Let it come down.*
> SHAKESPEARE, *Macbeth*

Não tenho nem uma partícula
da tua existência
e a chuva é assassina.
Levanto as abas do sobretudo
que me protege involuntariamente de ti
e das agulhas ternas que chovem.
Noite antiquíssima e cíclica,
noite frágil, noite modernamente
sábia e por escrever.
Não tenho sequer os segundos
em que me separei de ti,
porque a chuva lava a tua memória
imediata e deixa-me sujo.
A chuva despe-se lentamente
e eu consinto
porque não tenho mais nada.

# POEMA DE AMOR

Alprazolam, domipramina, noradrenalina,
monoamina, serotonina, fluoxetina.

# UM ACTOR

Um actor, do Teatro Nacional,
que algumas vezes vi
dizer textos moderníssimos
com vocabulário arcaico,
que, em cenas de fúria,
tinha uma voz funda, salivava
demais e saía, indignado,
pela esquerda baixa,
levando nas mãos o chapéu
com plumas, esse actor
que nos palcos era o próprio
teatro, entra agora no café
onde estou, com a mulher
demasiado feia, e volta a sair,
sem fúria nem frases
bem pronunciadas porque a esta
hora já só há doces
e apetece-lhe comer salgados.

# DENTRO DE SEGUNDOS

O metro de repente pára,
uma falha de energia, um suicídio
extemporâneo, há protestos,
cada um de acordo com sua classe

e feitio, há silêncio, as portas
abrem-se, ninguém sabe se vale a pena
sair ou se o comboio retomará a marcha
dentro de segundos, o nosso destino

demasiado longe para irmos a pé,
as portas incomodamente abertas
dizem-nos que podemos sair ou não
de acordo com a nossa pressa ou paciência,

comunidade desassossegada com o futuro
imediato e com termos que nos olhar,
cheiro e guarda-roupa e cabeçalhos
dos jornais e sacos de compras e gravatas

e unhas pintadas, cicatrizes, rugas,
decotes, as almas e os relógios de pulso.
Que venha rápida, a comodidade
urbana da rapidez e do alheamento.

## METROPOLITANOS

Aqui estamos, atravessando
sem saber o nosso destino,
à espera que o próprio caminho
o torne evidente (mas não),
somos todos assim metropolitanos (urbanos),
saímos na estação errada,
lemos cabeçalhos, vemos o envelhecimento
nos rostos que connosco através
de túneis dantescos (clichê),
e pensamos (ou dizemos agora que pensámos)
que há um plano que nos ultrapassa (rodoviário),
um plano (subterrâneo)
de linhas que se cruzam com as linhas
da mão, interceptadas em cores
e com o guarda-roupa do nosso
tempo (capitalismo tardio),
atravessamos (atrasados), sob o sol
que imaginamos em cima (platónico),
interrompidos pelo parêntesis irónico
da consciência que talvez queira fazer
a diferença mas não faz nada (nada).

# ABANDONO

Têm décadas as persianas
dos prédios semidevolutos
que me vêem regressar a casa,
fechadas quase até ao fundo
mas com detritos visíveis
ao princípio do negrume,
por exemplo um guarda-chuva
desfeito, jornais desfolhados.

Escuras de sujidade
e abandono, já viram passar
tantas gerações e circunstâncias
que quase me pedem para
que saiba ver como elas
a nenhuma importância
dos mortais eventos da semana.

# ALEXANDRIA

Lisboa não é Alexandria mas
Alexandria não passa de uma metrópole
em versos subida e sublimada, a sua geometria,
as incisões do pequeno desespero.
Dêem-me uma cidade, que esta minha
está cansada e não quero outra,
escadarias em que se desce sempre,
velhas varandas apalaçadas,
dêem-me uma Alexandria do pensamento,
com uma antiguidade a dourar cada hora,
cada entardecer, mas uma antiguidade
falsa, hiperbólica,
subtil de tão imaginada, unreal city.
Lisboa não é Alexandria e está cansada, houve sítios
que conheci, outros ocultos,
percursos que adivinho no avanço
das multidões, dias de festa,
lambris de janelas, amuradas.
Não quero este rio, nem o outro,
heraclitiano, que me oferecem
umas breves obras completas na estante.
Dêem-me uma cidade terrestre, sem posteridade
ou idioma, uma cidade para que eu possa
inaugurar o passado das ruas
e, sem outro propósito, respirar.

# SUMMER & SMOKE

Gotejante, a capital
fica vazia,
menos campo de sombra,
mais largueza nos passeios.

Na verdade não havia
já ninguém conhecido
mesmo antes
de os conhecidos partirem:

velhos, traficantes, turistas,
empregados sem férias
ou que as gozaram em tempo
mais propício,

polícias, motoristas,
guardas-nocturnos que
se passeiam de dia
e o trânsito sempre igual

dos que carregam às costas
curiosos mundos portáteis,
Atlas de bairro,
sem a grandeza de versos,

as mercadorias do corpo
zumbindo entre os passeios,
a inexistência
que nos deram por um mês.

Entre quem foi e ficou
nem chegam para frágil
arca do verão
que quiséssemos no próximo,

ficará apenas a constância
das nossas mãos,
dos frugais e hiperbólicos
pensamentos,

ficará a luz citadina,
o traçado das ruas, talvez
os relógios municipais
que mostram a temperatura,

mas nada do que, numa
súbita mudança, deixa
inalterado e de fumo
o fim último do mundo.

# FERRO-VELHO

Terraços inúteis, varandas
das traseiras, arrecadações,
escadas de caracol, marquises
desbotadas, antigas estufas,
barracas, vasos partidos,
paredes abertas, telhas,
ferro-velho, andares vazios,
degraus sem uso, o fosso
do elevador, fechaduras
de portões, gatos, cadeiras,
um sol sem préstimo,
ervas daninhas, um triciclo,
humidade, silêncio, azulejos,
sábado à tarde e o meu corpo.

# FOGO DE ARTIFÍCIO

Regresso a casa, o céu verde e amarelo,
alguém em festa, descobriu com certeza
alguma razão para isso, o próprio trânsito

é escasso e pergunta se eu não sei
para onde ir, se sou de Lisboa ou estrangeiro,
se me perdi do meu grupo, porque estou

excessivamente vestido, que idade tenho
ao certo, e que importa ter o conforto
de dogmas e almofadas quando se parece

sempre um fugitivo, de cidade em cidade
mas sempre no mesmo sítio, sempre
saindo de casa e regressando, depois

de hora e meia de celulóide, com autores
alemães que morreram cedo demais
debaixo do braço e em paperback,

porque tenho medo do verão e da chuva
e saí do poema "Caranguejola" e tropeço
em aforismos para me justificar de ter bolsos

demasiado fundos para pouco guardar,
e porque fico assim vendo à meia-noite
tanto fogo-de-artifício e nenhum ruído.

## LISBOA, CERCA MOURA

É verão e o branco de Lisboa não se cansa
da brancura, o céu de um azul
pálido e constante, na sombra da esplanada
os pedreiros falam alto, num português bruto,
os estrangeiros, que nunca leram Cesário,
louvam o encanto da lota, as raparigas passam,
melhores que qualquer cidade,
enquanto o vento tempera o calor

lembrando que existe um rio.
Mas a sombra é um parêntesis, a brancura
um parêntesis, o próprio vento e as raparigas
uma suspensão no quotidiano
que teima em desintegrar-se,
em resistir à superfície da escrita.
Nesta cidade que tranquilamente
se deixa ficar nas colinas, quem sabe
se à espera, quem pode saber.

# LISBOA, S. PEDRO DE ALCÂNTARA

Sobes a um miradouro para ver tudo isto:
talvez a cidade não seja assim tão branca
mas também ocre e rosa e amarelo torrado,

e gostes mais das ruas ao vê-las de cima,
no seu desenho, e penses que o rio é mais
azul quando surge ao fundo de uma rua,

por entre as casas, e não assim, completo,
e talvez vejas parques e igrejas
que respiram a pequena azáfama diurna,

e talvez nascer aqui tenha sido um acidente,
e não guardas um vínculo mas uma afeição
que nasce do hábito e da tranquilidade,

e descubras que és um estranho entre as gentes
(não conheces mais de um terço
do que vês e chamas-lhe a tua cidade).

Ainda assim sabes que há outros miradouros
e que as pessoas aí também não olham para a cidade
mas umas para as outras. Umas para as outras.

Umas para as outras.

## OS DOMINGOS DE LISBOA

"Os domingos de Lisboa são domingos
terríveis de passar", mais terrível
este verso ter quarenta anos.

Tenho menos de quarenta, prazo
de alegrias, mas ao domingo
é pelos domingos que tenho tristeza.

Os domingos em que não soube
e se soubesse não seria diferente,
os domingos de pó e naftalina.

Os domingos sem pão e sem
correio, dia do Senhor
que morreu à sexta-feira.

Os domingos de arrumações,
de matutinos do mês passado,
da sesta hipocondríaca na cama maior.

Os domingos decrescentes,
dia em que se envelhece, missa
para os que são de missa,

futebol para os da bola,
e para as famílias almoços
em melancólicos restaurantes,

parques e lojas onde também
estou, passeando com os olhos
os filhos saudáveis dos outros.

# PRÉDIO

Esta rua chama-se Rodrigues Sampaio.
Não tem nenhum interesse saber
como se chama esta rua.

As traseiras esventradas
de um prédio, a sala de jantar
um fosso contínuo,

já não tilintam talheres.
Quando chega a extinção
o entulho e a própria melancolia

a casa é um andaime com
dezenas de janelas
sem janela e portas sem porta,

a relva lírica, a ferrugem
lamentosa, uma ópera de fantasmas
emociona os que se lembram.

# TAXI DRIVER

O taxista diz-me que a poesia pertence
a uma idade teológica
e que hoje temos de tornar
a vontade uma realidade
objectiva. As imagens, diz,
deixaram de ser uma ideia
e agora são uma representação,
e, de acordo com a sua
experiência, um cruzamento
não é um símbolo mas
uma necessidade de decisão.
O taxista diz que, no sentido
etimológico, a filologia
é uma perversão, e que prefere
os romances policiais
e o naturismo.
Sempre que experimento
alguma coisa, diz,
vejo que somos mais sólidos
do que a aprendizagem
e que chamamos frases
aos nossos álibis.
As pessoas não têm
mistério nenhum, diz,
são apenas diferentes,

viajam no banco de trás
e contam as mesmas histórias.
Eu levo toda a gente
onde me pedem
mas nunca ninguém chega
a tempo a lado nenhum,
diz o taxista,
e eu dou-lhe dinheiro
um pouco acima do preço
e digo "está bem assim".

# ANOITECER

Ó vós, irmãos humanos,
frágeis à chuva como ramos,
solteiras, advogados, ucranianos.

## MUSGO DO PRESÉPIO

Infância, musgo do presépio.
Que numa ruinosa pedraria recolhíamos.
A humidade doce em corpo agreste.
E que, em concha e fila indiana, seguia para acomodar,
de barro, a Sagrada Família. Que se acabou.

# VIDA DE CRISTO

No improvisado salão paroquial
velhas cadeiras desalinhadas anunciavam
um filme sobre "a vida de Cristo".
Éramos crianças, veraneantes,
figueirenses, crianças comungantes
mas ainda sem tormenta e com os adultos
curiosos ou tomados de fastio
fomos, oito da noite, para a vida de Cristo.
Mas alguém trocou os filmes
ou espalhou carnavalesco engano,
e logo na primeira bobine entendemos
que não era a Palestina
que o facho de luz poeirento projectava
no ecrã tão amador
que só podíamos chamar pantalha.
E aos poucos entrámos na narrativa.
*Vera Cruz*, western heráldico, napoleónico,
quase operático. Morria gente
(que ressuscitava fora de campo)
e houve quem achasse que não sendo sobre
Cristo era a fábula imprópria
antes de dormirmos.
Mas o acampamento estival das crianças
tomava partido, vitoriava,
abraçava com braços pequenos

o efeito de alienação, as sombras humanas.
Julgo que brilhavam no fim
os nossos olhos infiéis,
belicosos, inimigos de Maximiliano.
Esvaída para sempre a surpresa, a pureza,
o motim de fascínios, a noite clara.
Nunca mais foi a mesma, a vida de Cristo.

# SANDOKAN

Coisas que de pai para filho
se repetem, neste caso
um mestre sempre velho
da faculdade e Sandokan.
Este, da pena de Emilio
Salgari, escritor de sucesso
em princípios do século,
Rider Haggard novecentista,
Karl May latino, fabbro da literatura
a pataco e fantasia, vela
enfunada da "mocidade",
exotismo ignorância coragem
enquanto o caixote do lixo
de história maiúscula secretamente
se anunciava. Pirata,
cavaleiro da malícia benigna,
figura fatal, Tigre da Malásia,
último dos lúdicos, Errol Flynn
barbado. Livros baratos e todos
azuis, papel de acordo com o preço
e capas como os cartazes
do cinema Monumental (ainda de pé).
Havia um português, Gastão,
cavernas auríferas, portos falsamente
acolhedores e os meus dez anos.

Coisas que de pai para filho
se repetem foi um mestre
velho da faculdade e Sandokan.
Cinquenta anos passados, mais
corsários que qualquer pirata.

# SEBASTIÃO

É verdade que cheguei a confundi-los.
O mais antigo, em década mais pura,
estava semanalmente atado e cepo
de flechas e escárnio nos azulejos
da igreja de seu nome, quase
esquina do hospital onde nasci.
Sofrer não era ainda, como mais
tarde censurei, "verbo de cançoneta",
porém ainda realidade irreal,
lector in fabula seduzido
e perplexo, o painel dos azulados
romanos despejando setas
e uma detestação que mais tarde
me disseram ser sexual.

O segundo, herói se não santo
como o outro, mas herói
de insensata chacina, figura
da nossa incapacidade para o mundo,
rei virgem, arredio,
a troça que dele faziam, mas também
um poema de Borges
que fala do "místico deserto".
Estava porém satisfeito
de mitos, e não gosto de nevoeiro.

É verdade que cheguei a confundi-los.
Mas um Deus regicida e fatal
não quis de mim a morte precoce.

# EDUCAÇÃO CATÓLICA

Educação católica, matéria
romanesca, porém em traços
que não tocam a margem,
década de mito dantesco,
mas em má prosa, forma formal
de ficar bem formado, fôrma
mental, total, lastro nocturno
fecundo de alusões, aluviões,
um Deus pessoal
como a luz do candeeiro
porém vertido em tábuas,
em tabuadas, um Deus que faz mal
ao sono e às rótulas, navalha
romba, genital.

Existência com mobília
e adereços, oratório, ostensório,
relicário, confessionário, códigos
para o proibido, boas vontades,
frases feitas rarefeitas,
palhada semiletrada nas estantes,
remorsos, jaculatórias ainda
sem prefixo. Educação católica,
dada como extinta, não nesta
nossa coutada e semelhantes,

ancestralidade, património
burguês vagamente de nobrezas,
gente de valores e monarquia,
numerus clausus, hagiografia,
código penal. Educação católica,
flashes que nem entendo, fosse
este bem todo o mal que me fizeram.

# VENCIDO DO CATOLICISMO

Vencido do catolicismo, sem plural
que me conforte ou confronte,
sem o ombro gratuito, conveniente,
de uma geração que me console.

Vencido eu porque ele primeiro,
caduco para séculos sem tragédia
ou sem a dolorosa comédia
da sua teoria que nos rasga

por inteiro, débil, negociado,
luz lúdica de lâmpada de solário,
em trânsito para saberes provisórios
da mágoa ao magma nomeado.

Vencido e convicto de vencido,
sem voto, mas no temor e tremor
compulsório perante este velho
móvel dos avós, o oratório.

## CORVO

Todas as idades têm um corvo.

Este é o corvo dos meus vinte e cinco anos.
Dá-me, corvo, a luz extinta que sobrevoas,
o entendimento obscuro, a verdade imprevista,
dá-me o corvo camuflado,
a memória entrecortada de luzes contrárias.

Asa de corvo, janela de corvo, memória de corvo.

# NÃO

Sinopse de versos e verbos.
Arte maior.
Pedra fluvial que os gagos usam
desde Demóstenes.
Nome nem materno
nem paterno.
Sinal, epidérmico,
de nascença.
Vocativo, fricativo,
primordial.
Mantra para noites de insónia.
ADN, alfabeto,
tipo de sangue.
Palavra que, em latim,
por onde quer
que se comece (Vieira).
No idioma,
monossílabo que me fez.
A quem devo, humilde, a voz.

# PANDORA

No fundo
da caixa, na fantasmática
sobra, pobre
mitologia da desolação,
fica, ficou,
a segunda virtude teologal
(anacronismo),
mas está mal contado, não
foi assim:
liberta, não saltou como
um boneco
nem esvoaçou tal pomba
(pagã)
ficou simplesmente detrito
fundo,
teimoso, aderente, em vez
de maldição
apenas um desafio de detergentes
quando
os vindouros que limpem
a caixa
nem saibam o que é isso
Pandora.

# UM PEIXE FORA DE ÁGUA

Um peixe fora de água
em toda a água.
Salvo a turva, pluviosa, estagnada.
Um peixe fora dessa sua condição.
Bicho, não mais.
Sujo para que se toque
sem nojo. Animal frio.
Um peixe quase peixe fora de toda
a água, fora de salvação
e conceito, sempre alheio,
bizarro, incompatível.
Dentro e fora de água igualmente
peixe, igualmente nada,
acostumado à inexistência,
alheio à luz e ao anzol.

# NEVERMORE

Nunca mais, disse o corvo.
Mas que sabia o corvo
sobre "nunca" e "sempre"?
Quem sabe se tudo, se era essa
a razão da sua negrura, tendo entrevisto
num voo nocturno o eixo
da roda que de um minuto
para o outro se quebra
e o eterno retorno como um
velho relógio que pára entre as onze
e as doze por muitos anos.

Nunca mais, disse, e não precisou
de dizer de novo, porque em breve
o "nunca mais" tomou o sítio
do corvo e aparecia à janela
como uma frase maldita.
E de nenhuma outra sabemos
tão pouco que a confundamos
à noite com a sombra de um pássaro.

# MEU INIMIGO

Meu inimigo.
Acordas comigo na mesma superfície.
Estendido, como morto, mas quase vivo.
Foste vaso irrisório e sólido que não partiu.
Simulacro de Lázaro. Assombração.
Agora, meu inimigo, lama.
Árvore inquinada
na transparência, mas sem luz que a faça,
matéria como peso morto, meu inimigo.
Dono de ti mesmo, ou presumindo,
dono de nada, no curso tão danoso do teu tempo.
Máscara de ferro, exílio
no próprio trono, severa
pena biológica, lei inerme.
Meu inimigo.
Nenhuma travessia a vau,
nem salto, nem imo, cancelavas tudo o que
houvesse, e não havia.
Apito do fim de partida,
reflexo na água, alusão de enganos.
Meu inimigo. É manhã.
A forma descerra a sua condição.
Nao te podendo vencer, meu inimigo,
não garanto
que fiquemos juntos.

# THE GHOST AND MRS MUIR

O mundo talvez esteja fora do mundo, aí nos encontramos.
Dispomos os pertences, esperamos tranquilidade,
a nossa viuvez que se esconde no seu negrume.
A casa está no entanto assombrada,
como se isso importasse. O fantasma sou apenas
eu quem o vejo e ouço, menos medo que altercações,
como o soalho que estala nas noites ou as vagas assustadiças.
Com o tempo o intruso, que é também o dono antigo,
é apenas mais um como nós, mais um fantasma apaixonado.
Um fantasma com piedade, que não nos expulsa
mas que vai ditando, com todas as letras, a sua narrativa,
feita nossa, e que talvez, como um espectro, nos salve.

## AUTO-RETRATO
## COM VERSOS DE CAMÕES

Foi-me tão cedo a luz do dia escura
enquanto me enganava a esperança
que naquilo em que pus tamanho amor
errei todo o discurso de meus anos.

# A ESPERANÇA ENTRE AS URTIGAS

A esperança entre as urtigas
quanto mais crescer mais será
rasgada.

# TRAÍDO PELA ALEGRIA

Traído pela alegria
como quem bebesse
vinho envenenado
nas bodas de Canã.

## OFÉLIA TORNOU-SE LADY MACBETH

Ofélia tornou-se Lady Macbeth
já não tem uma morte branca
de lírios e água estagnada
agora é ela que comanda
a morte como se fosse
a fímbria do seu vestido.

# ASSALTO

Quando decidimos tomar o mundo de assalto
não sabíamos nada um do outro
e as ramagens das árvores
quase tocavam a tua janela.

Quando desistimos de tomar o mundo de assalto
não falámos disso
e ouvimos discos de 33 rotações.

Nunca começámos do chão
e agora é tarde.
A erva cresce depressa
e em breve
é muito alta.

## ESGRIMA

O que era essa nossa amizade? Um jogo de esgrima,
se mais sofisticados fôssemos, florete
para a minha inexistente elegância, uma perna tensa,
um braço atrás das costas, vestidos de branco, máscara,
e, segundo as regras, tocando muito ao de leve
o corpo pouco olímpico um do outro.

# DUELO

Nós nunca fomos realmente
companheiros de armas, quando muito
padrinhos no nosso próprio duelo, graves
e apresentando, profissionalmente,
a ternura polida das pistolas.

# COMPANHIA

Chego a uma casa nova e trago os velhos fantasmas.
Os visíveis, inexpugnáveis. Os que não descansam.
Mudo a digamos vida repartida em móveis e estantes.
Os meus solícitos avisam que estou a prazo.
Que sempre que me habituo desvalorizo o património.
Os caixotes são deles território como o céu e as paredes.
Se não deixei a sombra não expulsei também esta companhia.
Eles são inquilinos, vitalícios como o medo.
Uma vita nuova exige novíssimos tormentos.
E esta é apenas vida velha em divisões mais amplas.
Quis que não viesse alguma carga desnecessária, memórias e bibelôs.
Veio tudo, espectral e sem fadiga.
Veio dividido em espelhos e duendes que nunca tive.
Veio nos amuletos sem efeito, nas fotos onde já não apareço.
Vidrinhos que cortam no escuro.
Hologramas meus amigos faz décadas.
Cada objecto que inauguro ganha o seu deus malévolo.
Que reina na casa toda como os lares nos romanos.
Eles sabem que me venceram.
É altura mais que doméstica para me juntar a eles.

## A CASA DOS TRINTA

Era um telhado, onde está?
Janelas com adesivos, escadas
a que faltam degraus, portas
abrem para um desvão.
Havia uma varanda, alguém a desfez.

# A CURVA DO MÓNACO

Príncipes, à noite, celebram o quê?
Ou príncipes paralelos à noite, como o rio à cidade,
amparado por dunas, rochedos, fortes, vivendas.
Pequeno oceano estático para rapazes de Lisboa.

Corações ao alto seguíamos, intocáveis, fluviais,
noctívagos, plácidos de algumas certezas
e ainda mais ambições, grandiosos ou pedestres
dependendo de fazermos ou não uma trégua irónica.
Avançamos contra as luzes em sentido contrário,
faróis destinados à capital, quem sabe
com bustos de Napoleão no banco de trás.
Tínhamos queimado a árvore da fraternidade,
a árvore abstracta, regimental, compulsória,
havia de ser diferente quando fosse a nossa vez,
não obrigaríamos ninguém a nada.

Íamos em direcção conhecida mas desconhecíamos
onde queríamos chegar, ignorávamos
os obstáculos, a tua confiança ainda não
implacável, a minha cobardia irrelevante, gentil.
Em breve a crua luz do dia talvez impeça
os disfarces: um príncipe e um monstro equivalem-se,
um jovem é um moribundo levado em ombros.
Mas a noite com seus artifícios durou um fogacho ainda.

Há um tempo para Abel e outro para Caim,
a questão dirigia-se ao futuro, como o automóvel nocturno
que se lançava à Linha e à amizade,
essa a que certamente fizemos um brinde sem malícia.
E na paz tempestuosa dos vinte anos
avisaste que à nossa frente a estrada fazia
uma guinada acidentada, fatal,
a que um príncipe trocista chamou, comovido,
a curva do Mónaco.

## LA NOCHE TRISTE
### 30 DE JUNHO DE 1520

Noite, noite de tesouros saqueados.
Noite de amizade a arder como navios.
Noite em que avançamos tristes sobre as espadas.

Uns dos outros temos esta noite.
Que não sabíamos. A banal escuridão
fez-se mitologia, temos medo, aprendemos.

Havíamos de fugir por algum lado
mas só podíamos noite acima,
como uma condição, com uma corda.

As tendas estão tão negras que parecem
iluminadas na noite. Uma para cada um,
alguém as armou, alguém as fez.

Os nossos inimigos são amigos
da noite, a noite é nossa amiga,
à noite um amigo mal se distingue.

Tínhamos este ouro e soberania,
esta vastidão, chegaram a adorar-nos
como deuses, acreditámos.

A noite da amizade é a noite
mais triste, levantamos acampamento
colados às trevas, à libertação,

alguém deu cuidado, e um paraíso
de inimigos acorreu, soldados,
irmãos, que nos trespassavam.

Descemos escadas, arbustos, água doce,
e os nobre senhores em canoas
chamados pelo tambor entre as cordas

da chuva estavam, a laguna de cadáveres,
cavalos, as jóias que alguém pensou que ia trazer

como se da morte dos amigos
alguma coisa guardássemos.

## A NUVEM HELENA

A nuvem Helena que conduziu os helenos e ainda conduz
é um espectro do Egipto, uma estátua de bruma,
escreveu Eurípides. Helena avança e diz:

é parecida comigo, quase igual,
reconheço-a mas não sei quem é, um eu de éter,
fizeram-me desaparecer e deram à guerra

uma imagem, a minha fama
e a minha forma, mas eu estive escondida numa névoa,
decisão dos deuses que fazem o que não temem

porque um deus nada deve, de modo
que é deles a dualidade e o desdobramento
mas o remorso é meu, que estou inocente,

homens combatem em meu nome, disputam a beleza
que é céu e abismo,
e morrem amigos, irmãos, generais,

cavalos, dez anos em batalha dez vezes
amarga, ilusão do sangue que corre
por causa do meu sangue ausente,

"um nome pode estar em muitos sítios
mas um corpo não", e eu comovida e desgostosa,
a querer responder

ao que tantos perguntam: "é por uma sombra
que sofremos?", "é por um fantasma?"
Isso porém não seria honrado:

Tróia é imortal, Helena eterna, e eu apenas uma nuvem.

## JOHN C. REILLY

Conhecemo-nos em Paris,
embora eu estivesse em Lisboa,
em pouco tempo entendemos tudo,
tu dizias que eu era o pobre
John C. Reilly desesperado porque
não encontrava a arma de serviço,
procurava-a entre os arbustos
como se tivesse perdido a honra,
e tu eras a tristíssima Claudia,
a quem faltava tanto, e se
confiava a quem fosse gentil
com ela, ou a quem fosse seu igual.

Depois não demorou fomos
um Cassavetes, voavam acusações,
suspendemos a convenção de Genebra,
fomos de tímidos deslumbres ao incompatível
em poucos meses, mas não esqueço
a quinta onde dormimos, a tua
cabeça caída no volante,
uns óculos de mergulho amarelos
que eu usei eufórico, a estrada marginal,
duas ou três canções em cd, as fichas
sobre Duby no meu pc,
a tua obsessão com a verdade.

Tão alto e baixo fomos, às vezes
em dez minutos, o traço
quebrado do futuro que imaginámos.
Foste aeromoça, eu fiquei em terra,
mudámos tanto que nem nos reconhecemos.
Temos um passado mas
tão breve, e onde está,
onde pode estar agora? Procura
entre os arbustos, dizes.

# O FOGO, O FERRO, O FUTURO

Eras um sustento,
eras um segredo,
uma feroz tentativa.

Eras a roupa do corpo
feito estandarte
a caminho de casa
e as tuas mãos metade das minhas.

Eras um fascínio,
eras um fracasso,
eras a chama que nunca te queimou,
o sul, o sufoco,
a madrugada.

Eras um tumulto
de éguas e galgos,
a minha impaciência,
o meu verde vivo.

Eras o que nunca podias,
assombração sem fantasia
descalça e abrigada,
loureiro da Aquitânia.
Eu era o viúvo, o tenebroso,

consolado na água
que de súbito secou.

Eras o que foste,
metáfora do que eu
tanto te quis.
O fogo, o ferro, o futuro.

## POEMA ROUBADO
## AOS ÍNDIOS JÍVAROS

Fazes uma cabeça humana tão pequena
de um indefeso amor que te foi dado.

# THEA ELVSTED

À esquerda baixa, entre cortinas, esperas a tua entrada, Thea,
dependente da generosidade de estranhos,
mortalmente cansada, "sou uma propriedade
dos homens, nunca tive casa que fosse minha".

De onde ficaste vês o público, compões a figura frágil,
as feições bonitas e doces da didascália, o cabelo pálido de linho
e abundante, o vestido escuro, de bom gosto, mas não a última
moda, a expressão inquisitiva, atónita, os olhos claros.

És como o dramaturgo pediu. Vais dizer que tens medo,
que vês escuridão à tua frente, intrépida e comovida,
devotada a Lövborg, enquanto não descobres
à tua volta a opinião, o desprezo, o ciúme, Hedda.

Lövborg gerou contigo um manuscrito, um filho teu,
ditou-o, uma história da civilização, dizes,
modesta proposta, mas a desistência e a maldade rasgaram-no
em pedaços, tantos quantos uma vida desfeita.

Dentro de minutos quase desfaleces em palco, todo o teu esforço
e necessidade, aquilo em que acreditas, e não sabes se serás capaz
de ser igual a Thea, trazer as notas que ele ditava,
reuni-las desordenadas e ilegíveis à luz duma lâmpada

e começar de novo, edificar a casa, contrariar a morte,
retribuir ao mundo. Compões o fato alugado, dás-nos
a todos a ressurreição dos fracos, e depois, a caminho de Lisboa,
entre o ténue ruído da noite perguntas-me se achei bem.

# CÃO SOLTEIRO

Uiva assim alegre o cão solteiro.
Confundem-no com a piedade,
o desabrigo, ali vou eu
salvo a misericórdia divina,
ali não vou, nunca, que sou
de outra espécie, menos complicada.
Inquieto, para si mesmo indócil,
o cão em semicírculos de raiva
e liberdade espanta quem o vê.
Parece quase humano, mas o furor
animal dele aquieta como boa fraude
a nossa empatia e desassossego.
Dias de cão, uma década e meia,
oitenta anos em vida de gente.

# EMMA HARDY

Um velho e uma mulher morta,
o amor, enfim, nesta idade.
Agora que nunca mais, Emma,
agora é que regressas,
é que existes pela casa toda
onde nem nos cruzávamos.

Agora não me despeço,
tenho o dia todo
o teu cinema,
a indiferente natureza,
uma nova esposa que te detesta,
os visíveis vestígios de uma chama.

O teu fantasma é cru
como tu eras,
afastados e frios,
cheios de "mágoa reprimida
e amor esquecido".

Mas agora amo em palavras.
E não assistes
a esta serena alquimia,
grotesca de tão tardia,
comovente.

Estás além de toda a culpa,
além do elogio e da elegia,
estás, Emma, aí desse lado nenhum,
além de todo o amor.

# MICHAEL FUREY

Em que pensas? Acho que sei
em que pensas.

Exausta, distraída, abstracta,
acho que sei em que pensas.

Entre lágrimas dizes que não.
Que não é nada.

Apenas um rapaz de Galway
e que em Galway cantava.

Acho que sei em que pensas.
Amas esse rapaz.

Um rapaz de grandes olhos escuros,
dizes, ainda te lembras

como se fosse agora.
Tão grandes tão escuros.

Acho que sei em que pensas.
Vais ter com esse rapaz.

Junto da vidraça dizes não vou,
o rapaz mal chegado aos dezassete

morreu. E tudo é de repente terrível
como o candeeiro público apagado.

Acho que sei em que pensas.
Faz falta esse rapaz.

Estava bem com ele, dizes,
tão gentil, tão bela voz,

passeávamos, dizes,
como se faz no campo.

Acho que sei em que pensas.
Em que pensas?

Numa noite de chuva, de tanta chuva,
ele atirava pedrinhas à minha janela.

E não se ia embora.
E não se foi embora.

Tão dócil doente encharcado.
"Acho que morreu por mim."

Acho que sei em que pensas.
Chove muito, lá fora.

# KATHERINE WHITMORE
## DÁ UMA AULA SOBRE PEDRO SALINAS

Katherine prepara os apontamentos.
Uma aula sobre Pedro Salinas. Geração de 27, etc.
Trinta raparigas do Smith College mordiscam
os lápis, indiferentes às citações de Garcilaso
e Shelley, "*wonder, beauty, terror*".

A amada dos poemas de Salinas
é uma pessoa?, pergunta Katherine.
Leo Spitzer escreveu que se tratava de um "conceito
poético", mais do que de uma mulher concreta.
Katherine fala talvez de Laura e Beatriz.
"Porque na tradição poética ocidental",
vai ditando para a aluna mais conscienciosa,
"a musa é muitas vezes um tu abstracto,
um vocativo, um destinatário,
um princípio de inspiração, uma possibilidade teatral."

A trilogia que inclui *La voz a ti debida*,
*Razón de amor* e *Largo lamento*
supõe uma instabilidade entre o tu vivido
e um tu intelectual. Katherine explica às alunas núbeis
e entediadas do Smith College
que o poeta espanhol começa
por se referir à amada como uma surpresa
e um cataclismo, uma força nova,

e que, livro a livro, vai mudando, do "amor
do amor" ao "erro de cálculo".
A amada, bela, cativante, mas também franca
e independente, torna-se desfocada, há até
um momento apenas verbal, conceptista quase,
antes do desenlace melancólico, elegíaco.

Katherine Whitmore, Reding
de solteira, responde a perguntas das alunas
e às vezes também dos colegas professores.
Estaria o grande poeta a dirigir-se
à sua esposa de tantos anos, Margarita,
a uma outra, a uma personagem?
Katherine diz que o poético é o ambíguo,
embora também o inquietante, o clamoroso.

Entre duas estrofes, faz uma pausa
e compõe os papéis, entre os quais, escondida,
tem uma carta antiga
sobre a neve do Massachusetts, a neve do Thanksgiving,
uma neve diferente da espanhola, "uma neve absoluta".
Ainda sente espanto orgulho e desconforto
com aquelas palavras que lhe eram dirigidas,
que lhe eram devidas,

palavras como as que aprendeu e agora ensina
às raparigas da Nova Inglaterra,
que nunca saberão que a amada
de Pedro se chamava Katherine.

## CONTO DE VERÃO

A meio da tarde mas como se fosse fim
o papagaio em ziguezague puxado por cordas.

À varanda da infância a que voltei
acompanho os primos namorados irmãos

que correm na areia guiados pelo que
verticalmente decerto lhes parece o céu

mas visto daqui é tão-só o alto,
a vida natural ao vento violenta a vida

deles, dançam como âncora ou contrapeso
ao artefacto vermelho que lhes escapa

embora o tenham bem preso, sopra onde quer,
a maresia, constante e quase mansa

na folhagem, na bandeira, nas memórias.
O rapaz tem firme nas mãos

o terrível brinquedo, indo ao chão
como os pioneiros dos aeroplanos,

feliz na sua ciência, intrépido, determinado
na expressão que porém não alcanço,

tão miúdo que cai e se levanta
como se nada fosse, enquanto ela fica

deitada sempre que tropeça, ou quando
ele lhe dá as rédeas por momentos.

Volteiam do relógio quase até ao farol,
com uma mortal seriedade e alegria

que não compreendo, têm como fogo preso
o seu caprichoso foguete, às vezes

o papagaio tem mais força do que dois
adolescentes, e cumpre o seu papel,

imprevisível mas complacente, indomável
mas seguro, subindo em volutas,

descendo a pique, vigia de uma praia
quase inóspita a esta luz suave,

joguete sem tempo
unindo quem só tem futuro ainda

e o passado que os observa e se faz
assim remoto, armadilhado,

entre falsas recordações, vagos arquétipos,
histórias hipotéticas, canções tristes.

Ficou o mundo em silêncio, veraneantes,
automóveis, tudo o que acontece é

aquela coreografia que eles fazem
para ninguém, nem um para o outro,

o rapaz tão calmo mesmo quando perde
por instantes um combate, a menina

que diz frases que não ouço,
esfuziante, ignorante, seminua,

e quando fecho a janela
ela vê o papagaio cair e abre os braços.

# PRAIA DO RELÓGIO

Imemorial, como convém
ao tempo, o relógio
ao cimo de uma torre
nada professa, obelisco
a que atribuímos
intenções, pequeno
colosso que cruza um ilusório
cilindro e o estreito
paralelepípedo com os ponteiros
e doze traços
em círculo, três projectores,
uma bandeira,
cápsula nua, marco geodésico.

Vigiando a praia, é uma tômbola
onde estão todas as nossas
moedas oferecidas, pedidos
de milagre. Gávea do areal,
estátua de si mesma,
Cristo abstracto, o relógio
sabe tudo quanto é possível
a granitos e mecanismos.
Estava lá, está aqui,
a matéria mais sólida
do que as alegorias.

Relógio, coluna do tempo,
juiz taciturno,
viste quem eu era
e quem sou agora?
Eras uma direcção, um reconhecimento,
agora és um problema,
quando é que te tornaste
um problema, quando
é que me tornei um problema?
Lembras-te de um Agosto
da infância e deste de hoje,
da corrida, do segredo,
da contemplação, do fogo do inferno,
da desistência, do cão negro, das raparigas?

Forte, serena, indiferente,
a coluna apenas existe.
Os ponteiros avançam imperceptíveis.
O pavilhão flutua.
Daqui a pouco acendem a luz.

# BRADOMÍN

Feio, católico e sentimental,
como o marquês de Bradomín,
fico no quase sereno desânimo
de um intempestivo, enquanto a minha
distinção é uma divisa desfeita à força
de picaretas, mudanças que não antevi
e a que não me oponho. Poesia,
noite escuríssima, comoção inútil.

Enganei-me em tudo, guardei
moedas que não circulam
nem valem ainda como colecção,
resquícios de um mundo propício
ou não-hostil, ou sensível
à decadência que faz
de um monarca deposto um pretendente,
que empresta existência
a coisa extintas,
depois embaraçosas, depois inconcebíveis.

Em nenhum momento agora é o dom
das lágrimas uma dignidade, a fé uma forma
de esperança, a figura uma sombra secundária.
Épica e lírica caíram em desuso, marquês,
dão-te azedume e mofa, que levas à boca, e é da tua
condição que aceites e agradeças.

# ÍNDICE

## DUPLO IMPÉRIO (1999)

- 7 As gavetas
- 8 Há nomes que ficam
- 9 Pó
- 10 Número 5
- 11 Uma árvore
- 12 Os significados
- 13 Origem
- 14 Os dez mil
- 15 Wallace Stevens a caminho do escritório
- 16 Marco
- 17 Sinal

## EM MEMÓRIA (2000)

- 18 In memoriam
- 19 Cheias
- 20 Dentro dos livros
- 21 Krapp
- 22 Salvo erro
- 23 Save
- 24 A minha altura
- 25 Aniversário
- 26 Asa pep
- 27 Bad songs
- 28 Homens sem mulheres
- 29 Automóveis
- 30 Os galos
- 31 Os primos
- 32 Espingardas
- 33 Se bem me lembro
- 35 Funerais
- 37 Para o fogo
- 38 Um retrato dos meus tios Pedro e João na parede da sala
- 41 Julho, 1993
- 42 A chave
- 43 Viagem na família
- 44 Memória descritiva
- 45 Jonas
- 46 Lixo
- 47 Fantasmas
- 48 Futuro radioso
- 49 Ao contrário de Ulisses

## AVALANCHE (2001)

- 50 Paráfrase
- 52 Eu amo
- 53 On ne badine pas
- 55 Em longo se transforma
- 56 A tua biologia
- 57 Paolo e Francesca
- 58 Eternity (for men)
- 59 E depois isto
- 60 A Balada do Café Triste
- 61 Let it come down
- 62 Poema de amor

## ELIOT E OUTRAS OBSERVAÇÕES (2003)

- 63 Um actor
- 64 Dentro de segundos
- 65 Metropolitanos
- 66 Abandono
- 67 Alexandria
- 68 Summer & smoke
- 70 Ferro-velho
- 71 Fogo de artifício
- 73 Lisboa, cerca moura
- 74 Lisboa, S. Pedro de Alcântara
- 75 Os domingos de Lisboa
- 77 Prédio
- 78 Taxi driver
- 80 Anoitecer

## VIDA OCULTA (2004)

- 81 Musgo do presépio
- 82 Vida de Cristo
- 84 Sandokan
- 86 Sebastião
- 88 Educação católica
- 90 Vencido do catolicismo
- 91 Corvo
- 92 Não
- 93 Pandora
- 94 Um peixe fora de água
- 95 Nevermore

## SENHOR FANTASMA (2007)

- 96 Meu inimigo
- 97 The ghost and Mrs Muir
- 98 Auto-retrato com versos de Camões
- 99 A esperança entre as urtigas
- 100 Traído pela alegria
- 101 Ofélia tornou-se Lady Macbeth
- 102 Assalto
- 103 Esgrima
- 104 Duelo
- 105 Companhia

## UMA VEZ QUE TUDO SE PERDEU (2015)

- 106 A casa dos trinta
- 107 A curva do Mónaco
- 109 La noche triste
- 111 A nuvem Helena
- 113 John C. Reilly
- 115 O fogo, o ferro, o futuro
- 117 Poema roubado aos índios jívaros
- 118 Thea Elvsted
- 120 Cão solteiro
- 121 Emma Hardy
- 123 Michael Furey
- 125 Katherine Whitmore dá uma aula sobre Pedro Salinas
- 127 Conto de Verão
- 130 Praia do Relógio
- 132 Bradomín

Pedro Mexia nasceu em 1972, em Lisboa. Licenciou-se em Direito pela Universidade Católica Portuguesa. Cronista e crítico literário no semanário *Expresso*, colaborou anteriormente com os jornais *Diário de notícias* e *Público*. Foi subdiretor e diretor interino da Cinemateca Portuguesa. Participa em "Governo sombra", um dos mais conhecidos programas radiofônicos e televisivos em Portugal. Escreveu para teatro e televisão. Traduziu Robert Bresson, Tom Stoppard, Martin Crimp e Hugo Williams. Organizou uma seleção de ensaios de Agustina Bessa-Luís, *Contemplação carinhosa da angústia* (2000), e a antologia *Verbo: Deus como interrogação na poesia portuguesa* (2014), com José Tolentino Mendonça. Publicou seis coletâneas de crônicas e quatro volumes de diários, sendo os mais recentes *Biblioteca* (2015) e *Lei seca* (2014). Editou sete livros de poemas, o último dos quais *Uma vez que tudo se perdeu* (2015). Coordena a coleção de poesia das Edições Tinta-da-china. Publicou no Brasil *Queria mais é que chovesse* (crônicas, 2015).

# CONTRATEMPO

POEMAS ESCOLHIDOS

foi composto em caracteres Bulmer
e impresso sobre papel Pólen Bold de 90 g,
na Geográfica, no mês de junho de 2016.